Wafa Farhat

Virtualisation Poste de travail pour la protectrice assurance

Wafa Farhat

Virtualisation Poste de travail pour la protectrice assurance

Éditions universitaires européennes

Impressum / Mentions légales

Bibliografische Information der Deutschen Nationalbibliothek: Die Deutsche Nationalbibliothek verzeichnet diese Publikation in der Deutschen Nationalbibliografie; detaillierte bibliografische Daten sind im Internet über http://dnb.d-nb.de abrufbar.

Information bibliographique publiée par la Deutsche Nationalbibliothek: La Deutsche Nationalbibliothek inscrit cette publication à la Deutsche Nationalbibliografie; des données bibliographiques détaillées sont disponibles sur internet à l'adresse http://dnb.d-nb.de.

Coverbild / Photo de couverture: www.ingimage.com

Verlag / Editeur:
Éditions universitaires européennes
ist ein Imprint der / est une marque déposée de
OmniScriptum GmbH & Co. KG
Heinrich-Böcking-Str. 6-8, 66121 Saarbrücken, Deutschland / Allemagne
Email: info@editions-ue.com

Herstellung: siehe letzte Seite /
Impression: voir la dernière page
ISBN: 978-3-8417-3915-5

Résumé

Le travail présenté dans ce rapport a été effectué dans le cadre de projet de fin d'études pour l'obtention du diplôme d'ingénieur en informatique industrielle à l'École Nationale d'Ingénieurs de Sousse (ENISO).

Le stage a été effectué au sein de la Société Tunisie Micro Informatique « TMI» spécialisée dans l'intégration de solutions. TMI nous a proposé un cas de client réel qui est la Protectrice Assurance qui nous a expliqué ces problèmes en effet notre client veux diminuer le cout d'investissement et de consommation électrique et aussi sécurisé et centralisées ces données la solution la plus adéquate c'est la virtualisation des postes de travail en utilisant des clients légers et un hyperviseur qui est le VMware ESxi .

Ce concept de virtualisation des poste de travail plus connu sous la terminologie « VDI » Virtual desktop Infrastructure, permet la dissociation de la machine de l'utilisateur d'une part et de la machine physique d'autre part : on aura en fin de compte un bureau ou machine virtuelle hostée au niveau d'un serveur distant ce qui permet à l'utilisateur d'accéder à l'intégralité de ses programmes, applications, processus et données.

Mot clé : Virtualisation , Hyperviseur, client léger, VMware ESxi, VDI

Abstract

The work presented in this report was performed under Project Graduation for graduation engineering in industrial computing at the National Engineering School of Sousse (ENISO).

The training was conducted in Tunisia Micro Computer Company "TMI" specializes in the integration of solutions.

TMI has offered a case of actual customer is the Protector Insurance who explained these problems indeed want our customer reduce investment cost and power consumption and also secure and centralized data the most appropriate solution is virtualizing desktops using thin clients and is VMware hypervisor ESXi.

This concept of virtualization workstation better known terminology "VDI" Virtual Desktop Infrastructure, allows the separation of the machine of the user on the one hand and the physical machine on the other hand: it will ultimately a virtual machine or office hostée at a remote server which allows the user to access all of its programs, applications, and process data.

Keyword: virtualization, hypervisor, thin client, VMware ESX, VDI

Dédicace

À mon cher père Mohamed et ma chère mère Rafika,

Pour le grand amour dont ils m'ont entouré depuis ma naissance

Pour leur patience, leurs sacrifices et leurs encouragements

À mes chères sœurs Wieme et Intissar,

En leur souhaitant tout le bonheur et la réussite

À toute ma famille, Mon oncle Fethi, mes tantes, mes cousins et mes cousine

Pour l'amour et le respect qu'ils m'ont toujours accordé

À mes chers amis

«Mariem,Samia,Ines,Majda,Imen,yosra,ons,mouna,Nidhal,Nadia,Azza,Nada, Wieme,nessrine,zied

Pour une sincérité si merveilleuse…jamais oubliable

À tous ceux

Que j'aime et qui m'aiment

Aimablement . . .

Je dédie ce modeste travail . . .

Remerciement

Au terme de ce travail résultat de tant d'années de sacrifices et d'efforts, Je tiens à remercier avec tant d'honneur et de respect Mr. Lotfi Slama en tant que encadreur, pour sa disponibilité, sa valeur, sa bonne directive, et sa patience qu'il a montré pour contribuer à la réalisation de ce projet de fin d'études, et enfin de vouloir accepter de juger le contenu de ce rapport.

Un remerciement particulier à Mr Slim Benayad, Madame Imen Makhlouf et Mr Imed Sioud qui nous ont apporté leurs soutiens tout au long du stage au sein de TMI

Mes vifs remerciements s'adressent également aux membres de jurys

Je remercie tous les enseignants du département de Génie informatique Industrielle de L'ENISO

Table des matières

Introduction Générale

L'adoption accélérée de la virtualisation des serveurs a accru la sensibilisation aux avantages de la consolidation des serveurs et des ressources dans les centres de données et a ouvert la voie à l'adoption d'un modèle de bureau virtuel appelé « Desktop As A Service » ou DAAS.

La virtualisation des desktops plus communément nommée Virtual Desktop Infrastructure (VDI) permet aux entreprises de dissocier les instances des systèmes d'exploitation et des applications par rapport aux ordinateurs physiques permettant ainsi une indépendance totale entre les applications et les postes de travail.

A travers cette technologie on arrive à présenter les cessions Système d'exploitation/Applications aux utilisateurs finaux à travers des protocoles d'affichage à distance sur une large gamme d'appareils : Poste de travails, clients légers et tablettes …

Dans notre projet on va s'intéresser au cas : client léger ou Thin Client en effet nous allons travailler pour un cas réel de client de TMI ayant un besoin de virtualisation de poste de travail avec intégration et développement d'une application de gestion descontrats .

Nous allons présenter dans ce rapport les différentes étapes qui nous ont conduit a la réalisation de ce travail.

Le premier chapitre exposera le contexte général du projet. Dans cette partie nous allons nous intéresser à la présentation de l'organisme d'accueil, ses activités aussi nous allons definir le principe de virtualisation

Ensuite, le second chapitre sera dédié aux spécifications des besoins en fait nous allons définir la problématique et les solutions adaptées, énumérer les besoins matériel et logiciel de la virtualisation et définir les besoin de l'application ; (gestion des contrats d'assurance)

Puis Le troisième chapitre portera sur la conception du module développé qui contient essentiellement les diagrammes UML tels que le diagramme de classes, les diagrammes de séquences,...

Le dernier chapitre intitulé réalisation détaillera les étapes de la virtualisation et le scénario d'utilisation de l'application

Enfin, une conclusion clôtura notre rapport et présentera l'apport de ce sujet pour nous ainsi que les perspectives futures de notre travail.

CHAPITRE 1 :

PRESENTATION DU CADRE DU PROJET

Chapitre 1 : présentation de cadre de projet

I.1–Introduction

Avant d'entamer notre projet de fin d'étude, il est utile de présenter le milieu étudié, son organisation et sa culture Ainsi nous commencerons par une présentation de l'organisation d'accueil TMI (Tunisie Micro Informatique) et ses activités Ensuite, nous allons définir l'intitulé du sujet (la virtualisation) ses types et ses avantages

I.2 - Cadre général du projet :

Ce travail s'inscrit dans le cadre du projet de fin d'études effectué au sein de l'entreprise TMI, pour l'obtention du diplôme national d'ingénieur en informatique appliquée de l'École Nationale d'Ingénieurs de Sousse (ENISO).

Notre projet de fin d'études, tourne autours du thème de la virtualisation des postes de travails pour le compte d'un client Protectrice Assurance

I.2.1 -Présentation Générale de TMI (Tunisie Micro Informatique)

TMI (Tunisie Micro Informatique) est l'un des acteurs majeurs de l'industrie IT en Tunisie. Spécialisé dans l'intégration de solutions, cette société anonyme fondée depuis 1987 emploie actuellement un effectif de 60 personnes avec un capital de 1MDT.

Forte de ses 25 ans d'expérience dans le déploiement et le support de sites centraux Mission Critical, le savoir faire de TMI couvre un large panel de besoins, tels que :

- Les infrastructures Cluster

- Systèmes de Stockage

- Système de sauvegarde et DisasterRecovery.

- La Virtualisation

figure 1 : sigle de TMI

TMI compte parmis ses partenaires :

- Hitachi Data Systems

- Oracle

- Symantec & Vmware

Figure 2 : les Partenaires de TMI

TMI, veut se positionner comme un prestataire d'infrastructure pour Data Center et centre de compétence en virtualisation pour les entreprises, banques et opérateurs télécoms, aussi bien sur la Tunisie que sur l'Afrique. Ainsi, dans un contexte d'instabilité politique, de faible croissance et de crise économique, TMI a fait le choix de la qualité, de l'excellence, de l'innovation.

C'est dans ce cadre que TMI a entamé un programme de qualité depuis 2008, avec un renouvellement sa certification qualité ISO 9001 Version 2008 jusqu'en juin 2015.

I.3 –Définition de la virtualisation

La virtualisation est une technologie qui a changée l'approche de l'informatique en repoussant les limites de nos ordinateurs. En effet Il s'agit d'une technologie accessible à tous, du particulier qui souhaite exécuter une distribution Linux sur sa plate-forme Windows, aux grandes entreprises qui désirent rentabiliser davantage leur infrastructure informatique.

I.3.1 –Historique :

Historiquement IBM est à l'origine d'une grande partie des travaux de recherche qui s'intéressait à la virtualisation au centre de recherche de Grenoble dans les années 1960 .En fait à cette époque, les machines virtuelles (VM) étaient appelées des pseudo-machines. Au début , l'ordinateur central utilisait le programme de contrôle pour isoler les différentes instances des pseudo-machines les unes des autres et allouer des ressources . En effet la version du programme de contrôle s'appelle un hyperviseur, qui est un superviseur de machines virtuelles installé sur le matériel (bare-metal).

I.3.2 - Définition :

La virtualisation est un mécanisme informatique composé d'un ensemble d'outils et de techniques permettant de faire fonctionner plusieurs serveurs, applications ou systèmes d'exploitation sur une même machine physique pour délivrer une meilleure utilisation des ressources.

I.4 –Les différents Types de virtualisation

I.4.1 –Virtualisation serveurs

La virtualisation des serveurs permet de regrouper les systèmes sur un plus petit nombre de serveurs physiques. Cette technique a pour but d'optimiser l'utilisation des ressources, d'assurer une haute disponibilité des applications et d'en simplifier la gestion.

✓ **Avantages :**
- Regrouper plusieurs serveurs physiques sur un seul hôte qui exécute des systèmes virtuels.
- Sites de secours plus facile à déployer avec un environnement virtuel
- Réduire la surface au sol, le nombre d'administrateurs, la consommation électrique, et le besoin de climatisation
- Réaliser des économies d'énergie (consommation électrique, refroidissement...).

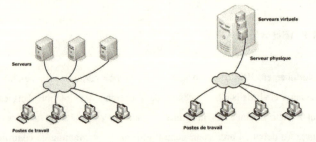

Figure 3 : Virtualisation des serveurs

✓ **Inconvénients :**

    a. Coût important : car pour faire fonctionner une architecture virtualisée, l'entreprise doit investir dans un serveur physique puissant en terme de mémoire et ressources processeurs

    b. Pannes généralisées : si le serveur physique tombe en panne, toutes les machines virtuelles sont hors service → indisponibilité des applications hebergées au niveau de chaque machine virtuelle

✓ *Technologies utilisées :*
- Oracle VM Server for x86
- Oracle Virtual Box
- Xen Server
- Microsoft HyperV
- Vmware Vsphere

I.4.2 –Virtualisation de poste de travail

Aujourd'hui les entreprises et même les écoles et universités font face a une grande problématique en ce qui concerne les postes de travail.

✓ Coût des Postes de travail
✓ Cycles De Renouvellements
✓ Coûts Opérationnels
✓ Gestion Des Mises A jour HW dues aux mises à jour logicielles
✓ Consommation électrique
✓ Sécurité

Ce concept de virtualisation des poste de travail plus connu sous la terminologie « VDI » Virtual desktop Infrastructure, permet la dissociation de la machine de l'utilisateur d'une part et de la machine physique d'autre part : on aura en fin de compte un bureau ou machine virtuelle hostee au niveau d'un serveur distant ce qui permet à l'utilisateur d'accéder à l'intégralité de ses programmes, applications, processus et données quel que soit le client matériel qu'il utilise.

Le client généralement utilisé dans une architecture VDI , est appélé Client Léger .

✓ **Avantages :**

La virtualisation des postes de travail permet de .

✓ Délivrer votre bureau Windows/Linux de manière aussi sécurisée et économique que possible.

✓ Réduire massivement les coûts de votre parc micro-informatique sédentaire.

✓ Raccourcir les délais de déploiement de nouveaux PC de bureau.

✓ Supprimer les tracas d'administration qu'implique la mise à jour et l'administration des postes Windows

✓ Briser le cycle de renouvellement du matériel et vous donner un seul poste qui vous durera des années

✓ **Inconvénients**

- besoin important en ressources serveurs
- il faut disposer d'un connections réseau fiable et dédoubler

✓ *Technologies utilisées :*
- Oracle Virtual Desktop Infrastructure
- Sun Ray Clients
- Oracle Secure Global Desktop
- Oracle VM VirtualBox
- Citrix Xen Desktop

I.4.3 –Virtualisation des applications

La virtualisation d'applications permet d'exécuter un logiciel sans l'installer sur le système sur lequel travail l'utilisateur. En fait virtualiser une application c'est la transformer en une donnée stockée sur un serveur dans son but c'est d'être transportée, à la demande d'un utilisateur, vers un SE système d'exploitation ou elle sera utilisée avec ses pleines capacités ensuite, disparaitra sans laisser la moindre trace.

✓ **Avantage :**

La virtualisation de l'application permet de :

- simplifier, Rationaliser, accélérer le déploiement des applications.
- Créer, pour chaque application, des copies des ressources partagées. En effet ces copies sont isolées les unes des autres dans leurs environnements virtuels respectifs.
- Développer l'interaction de l'application avec les ressources locales de système en empêchant l'application d'interférer avec les ressources d'autres applications

✓ *Technologies utilisées :*
- Microsoft App-V
- Citrix XenApp
- Vmware ThinApp

I.5 différents techniques de virtualisation :

Aujourd'hui il existe 3 techniques de virtualisation

o **Virtualisation par Isolation :**

Un isolateur est un logiciel permettant d'isoler l'exécution de l'application dans des contextes ou zone d'exécution. L'isolateur permet ainsi de faire tourner plusieurs fois la même application dans un mode multi-instance même si elle n'était pas conçue pour ça. Uniquement liés aux systèmes Linux les isolateurs sont en fait composés de plusieurs éléments et peuvent prendre plusieurs formes

Plusieurs technologies sont utilisées pour cette virtualisation telles que :

- Open VZ : libre partitionnement au niveau du noyau sous Linux
- Chroot : isolation changement de racine
- Linux Vserver : isolation des processus en espace utilisateur
- BSD Jail :isolation en espace utilisateur

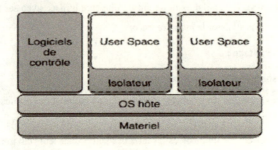

Figure 4 : isolateur

- **Para-virtualisation ou hyperviseur type 1 (natif ou bare-metal :**

Un hyperviseur de type 1 est comme un noyau système très léger et optimisé pour gérer les accès des noyaux d'OS invités à l'architecture matérielle sous-jacente. Si les OS invités fonctionnent en ayant conscience d'être virtualisés et sont optimisés pour ce fait, on parle alors de para-virtualisation (méthode indispensable sur Hyper-V de Microsoft et qui augmente les performances sur ESX de VMware par exemple). Actuellement l'hyperviseur est la méthode de virtualisation d'infrastructure la plus performante mais elle a pour inconvénient d'être contraignante et onéreuse, bien que permettant plus de flexibilité dans le cas de la virtualisation d'un centre de traitement de données. Par exemple : Citrix Xen Server (libre), VMware vSphere (anciennement VMware ESXi et VMware ESX), Microsoft Hyper-V Server, Parallels Server Bare Metal, KVM (libre), Oracle VM (en) (gratuit), et Lime Access

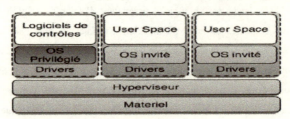

Figure 5 : Hyperviseur type 1

- **Virtualisation complète, Hyperviseur type2:**

Un hyperviseur de type 2 est un logiciel (généralement assez lourd) qui tourne sur l'OS hôte. Ce logiciel permet de lancer un ou plusieurs OS invités. La machine virtualise ou/et émule le matériel pour les OS invités, ces derniers croient dialoguer directement avec ledit matériel. Cette solution est très comparable à un émulateur, et parfois même confondue. Cependant l'unité centrale de calcul, c'est-à-dire le microprocesseur, la mémoire de travail (ram) ainsi que la mémoire de stockage (via un fichier) sont directement accessibles aux machines virtuelles, alors que sur un émulateur l'unité centrale est simulée, les performances en sont donc considérablement réduites par rapport à la virtualisation. Cette solution isole bien les OS invités, mais elle a un coût en performance. Ce coût peut être très élevé si le processeur doit être émulé, comme cela est le cas dans l'émulation. En échange cette solution permet de faire cohabiter plusieurs OS hétérogènes sur une même machine grâce à une isolation complète. Les échanges entre les machines se font via les canaux standards de communication entre systèmes d'exploitation (TCP/IP et autres protocoles réseau), un tampon d'échange permet d'émuler des cartes réseaux virtuelles sur une seule carte réseau réelle. Par exemple : logiciels Microsoft (Microsoft VirtualPC, Microsoft Virtual Server), logiciels Parallels (Parallels Desktop, Parallels Server), Oracle VM VirtualBox (libre), logiciels VMware (VMware Fusion, VMware Player, VMware Server, VMware Workstation), logiciels libres (QEMU : émulateur de plateformes x86, PPC, Sparc, et bochs : émulateur de plateforme x86)

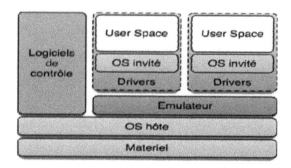

Figure 6 : Hyperviseur Type 2

I.6-Conclusion

En résumé, la virtualisation est une excellente alternative pour des services en mode cloud privé ou public assurant un déploiement rapide des services à la demande : ces services peuvent être des serveurs virtuels, des postes de travail virtuels ou des applications dans le Cloud.

Aujourd'hui beaucoup de secteurs tels que les banques et les assurances, optent pour ces technologies de virtualisation afin de palier à leur besoin croissant de ressources et de services à la demande.

Pour notre projet nous avons pris comme cible la Protectrice Assurance qui fait partie des clients privilégiés de la société TMI. TMI ayant pour projet la virtualisation des applications et des postes de travails de la protectrice assurance. Nous détaillerons dans le chapitre suivant le contexte et les détails de ce projet.

CHAPITRE 2 : SPECIFICATION DES BESOINS

Chapitre 2 : Spécification des besoins

II.1 –Introduction :

Notre projet consiste principalement à virtualiser les postes de travail pour un client de TMI pour le faire on a besoin d'une part d'un certain nombre d'outils matériel et logiciel et d'autre part de bien analyser les besoin du client et trouver les bonnes solutions

Dans ce chapitre nous commencerons par éclaircir la problématique de la protectrice assurance puis nous allons définir les besoin de l'application de gestion des contrats en utilisant les diagrammes adéquats et ensuite nous allons essayer de trouver les solutions les mieux adaptées et puis nous allons énumérer les besoins matériel et logiciel de la virtualisation et pour finir nous allons définir l'environnement logiciel de l'application.

II.2 – Problématique du client protectrice assurance :

A travers ce projet, la Protectrice souhaite se doter d'une solution, permettant une opération de consolidation de ses serveurs, la mutualisation des ressources et simplifier le provisionning et la gestion des postes de travail au niveau des agences. Cette action ayant pour but l'optimisation de l'utilisation des ressources, l'augmentation des performances et d'en simplifier la gestion.

Aujourd'hui l'assurance protectrice fait face à plusieurs contraintes au niveau de son département IT :

- une gestion optimale des données : une amélioration de la sécurité des données et une centralisation et une disponibilité des données

- une administration sécurisée : un accès via un portail sécurisé, Un contrôle d'accès et une amélioration du support des bureaux et des applications

- le coût : une simplification et une rationalisation de la gestion c'est-à-dire Diminuer les coûts d'intervention et une réduction de l'empreinte écologique

- Une Application de gestion des contrats

II .3 – Spécification des besoins de l'application de gestion de contrat :

Dans cette partie nous allons spécifier les besoin de notre application en utilisant les diagrammes adéquats.

II.3.1 –Présentation d'UML :

UML « langage de modélisation unifié » est un langage de modélisation graphique à base de pictogrammes. Il est représenté dans le cadre de la « conception orientée objet ». Il est très utilisé dans le domaine du génie logiciel essentiellement et il peut être appliqué à d'autres systèmes non informatiques.

UML se décompose en plusieurs sous-ensembles

- Les vues : Les vues sont les observables du système. Elles servent à décrire le système d'un point de vue donné (organisationnel, dynamique, temporel, architectural, logique, etc.). La combinaison des vues permet de définir le système complet.

- Les diagrammes : permettent de décrire le contenu des vues, qui sont des notions abstraites. Les diagrammes peuvent faire partie de plusieurs vues.

- Les modèles d'élément : Les modèles d'élément sont les briques des diagrammes UML, ces modèles sont utilisés dans plusieurs types de diagramme. Exemple d'élément : cas d'utilisation (CU), classe, association, etc.

II.3.2 –Identification des acteurs :

Dans ce qui va suivre nous allons identifier les acteurs en interaction avec notre système ainsi que leurs fonctionnalités. Ici on a un seul acteur qui est l'administrateur

II.3.2.1 – Administrateur :

L'administrateur est le responsable de la gestion de tous les contrats d'assurance en fait il peut modifier, supprimer, ajouter et consulter les différents contrats d'assurance

Pour l'assurance protectrice on a 4 branches d'assurance

- ✓ Assurance voiture
- ✓ Assurance vie
- ✓ Assurance santé
- ✓ Assurance incendie

II.3.3 – diagrammes de cas d'utilisations :

Après avoir identifié les acteurs qui sont en interaction avec notre système nous pouvons alors passer à la présentation des diagrammes de cas d'utilisation. En effet, un cas d'utilisation (en anglais use case) permet de mettre en évidence les relations fonctionnelles entre les acteurs et le système étudié.

Diagramme de gestion des contrats

Cette figure présente les cas d'utilisation présente réalisés par l'acteur Administrateur.

L'administrateur après avoir été authentifié peut gérer les contrats en ajoutant ou supprimant ou modifiant un contrat, en fait il y'a 4 types de contrat : contrat assurance voiture, contrat assurance vie, contrat assurance santé et contrat assurance incendie.

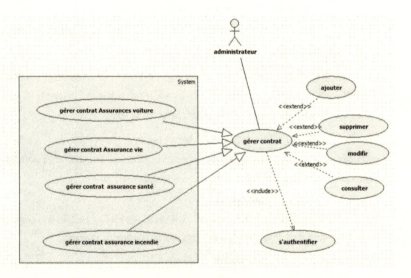

Figure 7 : Diagramme de gestion de contrat

II .8 – Conclusion :

Dans ce chapitre nous nous sommes intéressés à la problématique, les solutions proposées et la spécification des besoins de notre application.

Après avoir terminé l'étape de spécification des besoins, nous pouvons alors détailler la phase de conception du système. Le chapitre suivant sera l'objet de cette phase

CHAPITRE 3 :

CONCEPTION

Chapitre 3 : Conception

III.1 -Introduction :

La modélisation d'une application permet de spécifier son comportement attendu, de comprendre son organisation et d'éviter les risques et les erreurs lors de l'utilisation de cette application.

Notre application est une application de gestion de contrat d'assurance pour l'assurance protectrice elle permet de gérer tout les contrats d'assurance en toutes sécurité, en fait cette application sera intégré par la suite à notre plateforme virtualisé .

Dans ce chapitre nous allons présenter la conception des différents éléments du système en effet nous allons définir les diagrammes associés : digramme de classe et diagramme de séquence.

III.2 - Les diagrammes de classes

Dans cette partie nous allons présenter les différentes classes qui sont aptes de répondre aux cas d'utilisation

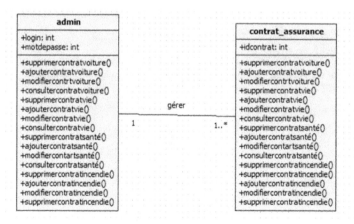

Figure 8 : diagramme de classe

III.3- digrammes de séquence :

Dans cette partie on va définir tout les diagrammes de séquences cotés administrateur

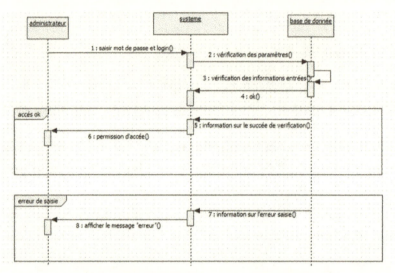

Figure 9 : Digramme de séquence « Authentification administrateur »

Ce présent diagramme illustre les scénarios possibles lors de l'identification de l'administrateur. L'administrateur demande l'accès en entrant le login et le mot de passe. Un test doit être réalisé pour vérifier l'existence et la comptabilité du login et du mot de passe. Le fait que les deux champs saisis sont correctes, l'administrateur peut accéder à son compte sinon le système affiche une erreur.

b) Diagramme de séquence « Ajouter contrat assurance santé »

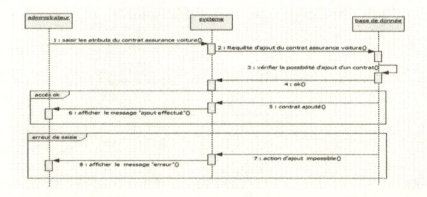

Figure 10 : Diagramme de séquence « Ajouter contrat assurance santé »

L'administrateur demande au système d'ajouter un nouveau contrat d'assurance vie, le système lui fournit un formulaire à remplir et envoi la requête d'ajout de contrat à la base de donnée. Une fois l'administrateur termine la saisie d'informations, il les envoie ainsi le système commence à vérifier ces informations. En cas d'erreur, il lui affiche le message « erreur » alors que dans le cas contraire le produit sera ajouté avec succès à la base de données et un message sera affiché « ajout effectué »

c) Diagramme de séquence « Supprimer contrat assurance santé »

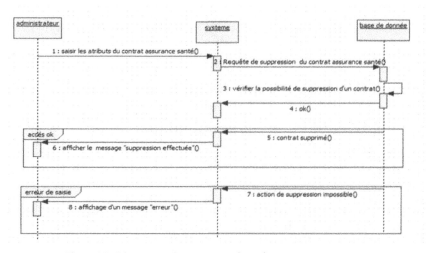

Figure 11 : Diagramme de séquence « Supprimer contrat assurance santé »

L'administrateur entre les attributs du contrat à supprimé puis il confirme l'opération de suppression. Une fois cette opération est effectuée avec succès, le contrat est retiré de la base de données sinon un message d'erreur sera affiché

d) –Diagramme de séquence « Consulter compte assurance santé »

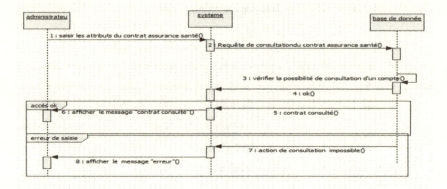

Figure 12: Diagramme de séquence « Consulter compte assurance santé »

L'administrateur demande au système de consulter un contrat, il entre les attributs du contrat. Une fois l'opération est terminée avec succès, un message sera affiché « contrat consulté » sinon un message d'erreur sera affiché

e) –Diagramme de séquence « Modifier contrat assurance vie »

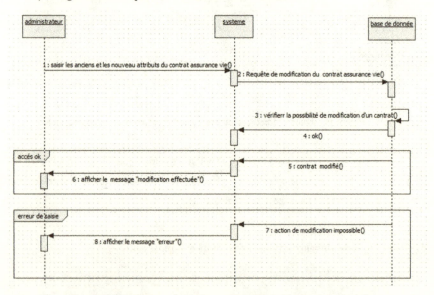

Figure 13: Diagramme de séquence « Modifier contrat assurance vie »

L'administrateur demande au système de modifier l'une d'attribut d'un contrat, il saisi les anciens et nouveau attribut du contrat. Une fois l'opération est terminée avec succès, les informations seront mises à jour dans la base de données. Sinon un message d'erreur sera affiché

III.4 −Conclusion :

Au cours de ce chapitre nous avons présenté l'architecture de notre application, puis nous avons détaillé la conception UML de notre application sous différents diagrammes que ce soit de point statique : le diagramme de classes ou de point de vue comportemental les diagrammes de séquences.

Une fois nous avons terminé cette phase importante nous pouvons se baser sur notre conception générale afin d'entamer la phase de réalisation de notre application.

CHAPITRE 4 :

REALISATION

Chapitre 4 : Réalisation

IV.1 Introduction :

Ce chapitre comprendra la réalisation de notre travail en fait nous allons commencer par détailler les étapes de la virtualisation ensuite nous allons montrer les différentes interfaces de notre application et enfin intégrer cette dernière à la virtualisation

IV.2 Solutions proposées :

Afin de répondre à la problématique de notre client nous avons fait l'étude l'architecture déjà existante et ayant trouvé ses limites

Tout d'abord, cette architecture est très couteuse car le coût de l'alimentation et de maintenance des différents postes de travail est très élevé puisqu'on alimente un écran et une unité centrale pour chaque poste. Ensuite, on a constaté que cette architecture ne permet pas une bonne gestion de donnée et de stockage. En outre, un problème de sécurité se pose en fait la protection des ordinateur est très faible et enfin cette architecture ne permet pas une administration fiable

Pour mettre fin à tout ses problèmes nous proposons de nombreuses solutions comme la Virtualisation et la sécurisation des postes de travail, une architecture puissante et redondante et aussi des données centralisées et pour finir une Application de gestion de contrat intégrés à la virtualisation en effet la virtualisation des postes de travail est la solution la plus adapté à notre cas car elle permet une réduction importante de coûtpuisque les clients léger ou Sun Ray utilisés pour l'architecture de virtualisation ne demande pas une maintenance et diminue considérablement le coût de l'électricité et aussi la virtualisation nous offre une administration sécurisé et une bonne gestion des données

Nous allons par la suite détailler la solution proposée en expliquant l'architecture générale de virtualisation

IV.3 Besoins de la virtualisation :

Comme toute architecture la virtualisation des postes de travail demande non seulement un environnement matériel spécifique et mais aussi un environnement logiciel.

IV.3.1 –Besoins matériel (hardware) :

Pour la virtualisation des postes de travail on a besoin de peu de matériel en effet il nous suffit d'avoir une Sun Ray, un serveur physique , des câbles réseau et un switcher

IV.3.1.1 –Sun ray :

La Sun Ray a été créée en 1999 par Sun Microsystems c'est une station de type client léger créé spécialement pour le marché professionnel.la Sun Ray est fiable, flexible, écologique et facile à gérée en fait elle contient un lecteur de type "smart card" permettant à l'utilisateur de s'authentifier en utilisant une carte à puce.

Figure 14 :Sun Ray client

La figure 8 nous montre la différance entre la Sun Ray et les autre PC , en fait on n'a pas grand-chose à gérer pour la Sun Ray par contre pour les autres pc on gère la CPU, la mémoire ,l'application ……. etc .

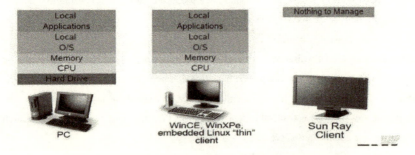

Figure 15 : Différence entre une Sun Ray et les autre PC

IV.3.1.2 –Serveur :

Un serveur c'est un programme informatique qui rend service à plusieurs ordinateurs connecté en réseaux par le partage, le stockage, l'échange des ressources ou des dossiers des données

Figure 16: Serveur

IV.3.1.4 – Un switcher :

Un commutateur réseau, ou switch, est un équipement qui relie plusieurs câbles dans un réseau informatique et de télécommunication.

Figure 17 : Switcher

IV.3.2 – Parties logiciel (software) :

Pour virtualiser nos poste de travail nous avons besoin d'un environnement logiciel qui comporte :

- o VMware Esxi
- o VMware vSphere client 5.0.1
- o VMware vCenter Server
- o Windows server 2008
- o Solaris

- o VDI Virtual Desktop Infrastructure

- o OVDC (Oracle Virtual Desktop Client)
- o Fichier Kerberos

IV.3.2.1 –VMware Esxi:

Pour commencer on doit définir c'est quoi un hyperviseur en fait un hyperviseur est la couche logicielle qui s'insère entre le matériel et les différents systèmes d'exploitation

Esxi est un hyperviseur gratuit de VMWare, côté serveur, parfait pour se familiariser avec la virtualisation. En effet Il se différencie des autres outils de virtualisation de VMWare, puisqu'il ne s'exécute pas par dessus le système d'exploitation car Il contient son propre OS (conçu sur un noyau Redhat) dédié à la virtualisation

Figure 18: Architecture VMware ESXi

Figure 19 : Interface de VMware ESXi

IV.3.2.2 –VMware vSphere client 5.0.1 :

. VMware vSphere rassemble et virtualise les ressources matérielles physiques sous-jacentes à travers les systèmes multiples et nous permet d'offrir des ressources virtuelles vers le centre de données.

VMware vSphere gère de grandes collections d'infrastructure (par exemple des CPU, stockage et gestion de réseau) comme un environnement opérationnel continu et dynamique et aussi il gère la complexité du centre de données

L'hyperviseur VMware vSphere offre plusieurs avantages tels que :

* Exécution de plusieurs applications sur un même serveur
* Gestion d'un datacenter respectueux de l'environnement et baisse des coûts énergétiques
* Sauvegarde et restauration simplifiées des applications
* Virtualisation totale même des applications stratégiques

Figure 20 : Interface d'authentification de VMware vSphere Client

IV.3.2.3 –VMware vCenter Server :

VMware vCenter Server donne aux environnements informatiques une haute disponibilité et des fonctions de d'automatisation, de gestion centralisée et d'optimisation des ressources. VMware vCenter Server offre, l'efficacité, la simplicité, la fiabilité et la sécurité indispensables pour gérer un environnement virtualisé, pour n'importe quelle taille. La solution d'administration VMware vCenter Server donne tous les avantages d'une infrastructure virtuelle comme la réaffectation et la reconfiguration plus rapides des services et des applications, la diminution des interruptions et l'approvisionnement instantané des serveurs. VMware vCenter Server est la solution la plus efficace pour rapprocher les besoins informatiques des évolutions du marché et rendre votre datacenter dynamique.

Figure 21 : Interface de vMwarevCenter Server 5.0

IV.3.2.4 – Windows server 2008:

Windows server 2008 est un système d'exploitation de Microsoft orienté serveur. En fait c'est le successeur de Windows Server 2003 sorti il y'a 5 ans et le prédécesseur de Windows Server 2008R2.

IV.3.2.5 –Solaris:

Solaris est un système d'exploitation UNIX développé par Sun Microsystems. Ce système s'appelle maintenant Oracle solaris depuis le rachat de Sun par oracle en avril 2009

Figure 22 : Interface d'authentification de Solaris

IV.3.2.6 –VDI Virtual Desktop Infrastructure :

La Virtual Desktop Infrastructure (VDI, traduit par machine virtuelle ou infrastructure de bureau virtuel) est un système permettant la dissociation de la machine de l'utilisateur et de la machine physique. Le bureau virtuel créé rassemble les capacités des logiciels du serveur informatique et du matériel informatique utilisé.

L'objectif de cette technologie est d'implémenter la machine virtuelle dans un serveur distant du système ce qui permet à l'utilisateur d'accéder à tout ses processus, applications, programmes, et données et ce quel que soit le client matériel qu'il utilise.

IV.3.2.7 –OVDC (Oracle Virtual Desktop Client)

Oracle Virtual Desktop Client est une application qui s'installe sur les systèmes d'exploitation client. En fait on Utilise Oracle Virtual Desktop Client OVDC pour ouvrir une session dans un logiciel Sun Ray ou un serveur Oracle Virtual Desktop Infrastructure VDI et aussi pour démarrer ou reconnecter une session Bureau en fait ce qui vous permet d'accéder à vos fichiers et programmes comme si vous travailliez au bureau sur votre client Sun Ray l'ordinateur que vous utilisez pour exécuter Oracle Virtual Desktop Client est appelé un ordinateur client.

IV.3.2.8 – Fichier Kerberos :

Fichier Kerberos c'est un protocole d'authentification réseau qui repose sur un mécanisme de l'utilisation de tickets et de clés secrètes (chiffrement symétrique), et non de mots de passe en clair, nous permettant d'éviter le risque d'interception frauduleuse des mots de passe des utilisateurs.il est créé au Massachusetts Institute of Technology et il porte le nom grec de Cerbère(gardien des Enfers). Kerberos été mis en œuvre sur des systèmes Unix.

IV.4 Architecture générale de la virtualisation des postes de travail :

Pour notre projet on a utilisé l'architecture de virtualisation des postes de travail qu'on va bien la détaillé dans cette partie.

L'architecture de virtualisation de poste de travail comporte 5couches comme le montre la figure 5:

- Couche client qui comporte les clients dans notre cas la Sun Ray
- Couche administration ou on installe le VDI afin de pouvoir se connecter au la Sun Ray
- Couche virtualisation qui comporte l'hyperviseur dans notre cas VMware
- Couche Seveur
- Couche stockage c'est la couche du stockage des données

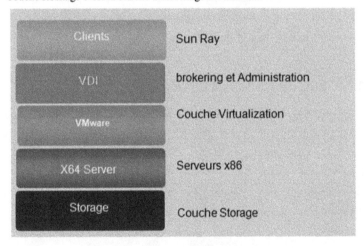

Figure 23: Les couches de la virtualisation des postes de travail

Cette figure6 nous montre plus clairement les couches qu'on vient de voir en fait open storage est la couche storage, VMware ESxi correspond à la couche virtualisation, oracle virtual Desktop infrastructure correspond à la couche Access et authentification et le Sun ray et les pcs c'est la couche Client

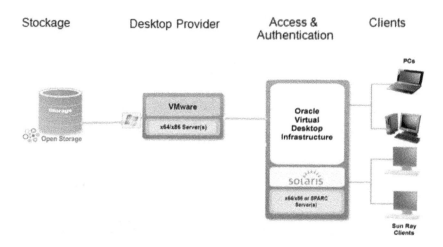

Figure 24: Architecture générale de la virtualisation des postes de travai

IV.5 Environnement logiciel de l'application

On a utilisé pour la réalisation de notre application netbeans 7.3 et Wamp Server

a) Netbeans 7.3

NetBeans est un environnement de développement intégré (IDE) pour Java, mis en open source par Sun en juin 2000 sous licence CDDL (Common Development and Distribution License, en plus de Java, NetBeans permet aussi de supporter différents autres langages, comme C++, Python, XML, C et HTML. Il comprend toutes les caractéristiques d'un IDE moderne (projets multi-langage, éditeur en couleur, refactoring, éditeur graphique d'interfaces et de pages web). NetBeans est disponible sous Linux, Windows, Solaris (sur x86 et SPARC).

b) Wamp 1.7

Wamp 1.7 est une plateforme de développement Web de type WAMP qui permet de faire fonctionner localement (sans se connecter à un serveur externe) des scripts PHP. Wamp Server n'est pas en soi un logiciel, mais un environnement comprenant deux serveurs (Apache et MySQL), un interpréteur de script (PHP), ainsi que phpMyAdmin pour l'administration Web des bases MySQL.

IV.6 Les étapes de la virtualisation :

La virtualisation nous demande d'être très attentifs, patient et concentré en effet il faut bien suivre les étapes.

a) Installation de l'hyperviseur

Pour notre projet nous avons utilisé VMware ESxi comme hyperviseur donc on doit l'installer sur notre serveur et pour la gestion de l'environnement virtualisé nous avons besoins d'installer VMware VSphere Client 5.0.1 sur notre PC.

Figure 25 : Interface de VMware VSphere Client

b) Installation et configuration des serveurs

Pour cette partie on doit suivre les étapes suivantes :

> créer 3 serveurs virtuels en utilisant VMware vSphere client 5.0.1 : serveur AD, serveur vcenter, Solaris en effet chaque serveur va contenir 8 Go de mémoire :

❖ **Serveur AD** (Active Directory) : le serveur active directory c'est un service d'annuaire il est créé par Microsoft pour les domaines Windows réseaux . En fait Il est inclus dans la plupart des Windows Server systèmes d'exploitation. Pour le serveur AD on doit installer Windows server 2008 et on configure tous ses paramètres (DNS et DHCP) ensuite on créé le domaine AD1.com (ajouter nouvelle zone puis pointeur enfin gestion DNS➔ ajouter zone AD1.com) et pour finir on installe Vmware Tools (vMwaretools permet d'allégé les machine virtuel)

❖ **Serveur vCenter** : c'est le serveur grâce auquel nous allons gérer les autres serveurs en fait pour le serveur Vcenter on installe Windows server 2008 et VMware vCenter 5.0 puis on configure son adresse IP et on défini ses paramètres et enfin on ajoute le domaine AD1.com et on installe le Vmwaretools

❖ **Serveur Solaris** : ce serveur va nous permettre de gérer la liaison entre les Sun Ray et les serveurs en installant le VDI et en configurant le fichier Kerberos

c) Création et configuration des machines virtuelles

Pour cette partie on doit suivre les étapes suivantes :

> créer 2 machines virtuelles chaque machine va contenir 4Go de mémoire et installer Windows seven pour ces deux machines et installer VmwareTools ensuite ajouter le domaine AD1.com pour les 2 machines

> Créer deux utilisateurs sous AD et associer pour chaque user une machine virtuelle Windows (user1, user2)

> ouvrir le browser de Solaris (http/192.168.1.13 :1800)

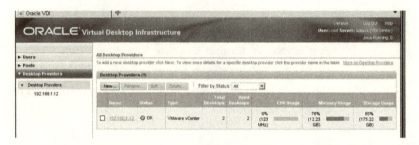

Figure 26: Interface d'authentification d'ORACLE Virtual Desktop infrastructure

➢ créer la société, le fournisseur et les Pools

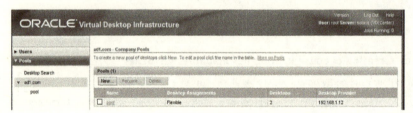

Figure 27 : Interface de création de desktop provider (fournisseur)

Figure 28 : Interface de création de pools

Figure 29: Interface de création des utilisateurs

➤ Importer les VM
➤ Assigner les VM

d) Test et validation de la virtualisation

Maintenant il nous reste qu'à faire la connexion de Sun Ray au serveur avec un câble de connexion et entrer le mot de passe et le login et Pour connecter la tablette IPad il suffit d'installer OVDC et nous connecter par wifi à ntre machine virtelle.

Desktop Login

User Name:	user1
Password:	••••••
Domain:	AD1.COM ▼

Log In

More Options ▼

ORACLE

Oracle Virtual Desktop Infrastructure

Figure 30 : Interface d'authentification de Sun Ray

IV.7 Application gestion de contrat d'assurance :

IV.7 .1 Réalisation de l'application :

L'application gestion de contrat est constituée de plusieurs interfaces utilisateurs

Tout d'abord, l'utilisateur doit être authentifié autant qu'administrateur ou un client pour pouvoir accéder à l'application comme montré dans la figure page d'accueil suivante

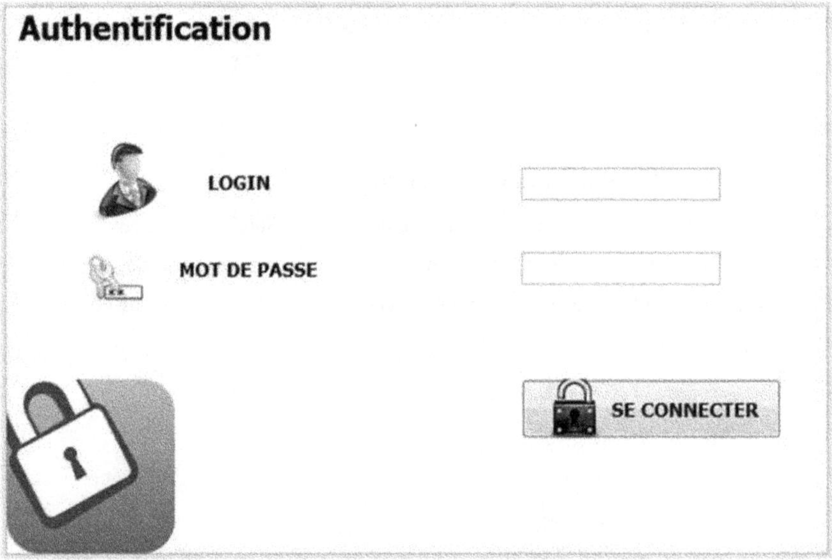

Figure 31 : interface d'authentification administrateur

Cette authentification est faite pour assurer la sécurité de l'application.

Dans le cas d'un administrateur, la page qui lui correspond s'affiche comme la suivante, et elle lui offre la possibilité de gérer le contrat d'assurance en effet il peut modifier, supprimer, ajouter et rechercher le contrat d'assurance

Les interfaces des différentes taches effectuées par l'administrateur sont :

o ajout d'un contrat d'assurance

Montant
Matricule
Date_debut
Date_fin
Ajouter
Info

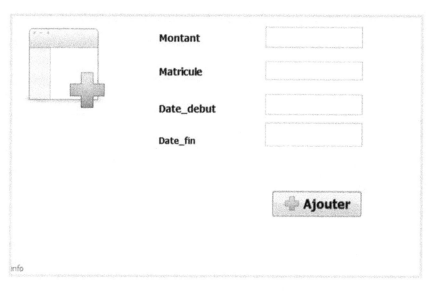

Figure 32 : Interface d'ajout d'un contrat assurance voiture

- suppression contrat d'assurance

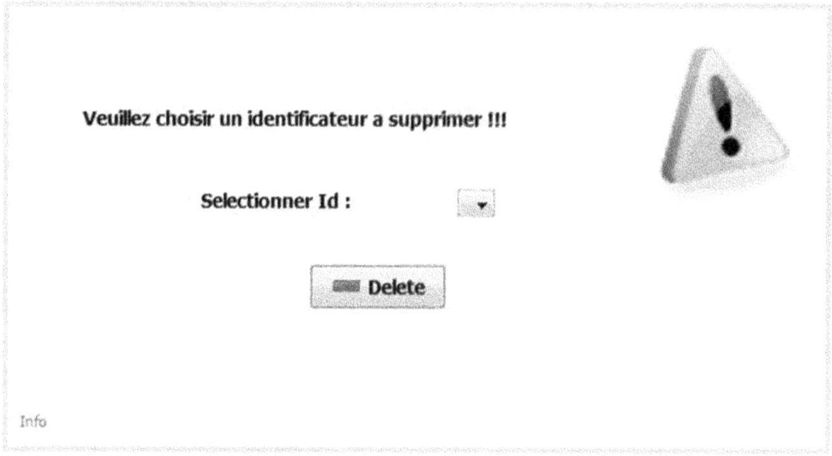

Veuillez choisir un identificateur a supprimer !!!
Selectionner Id :
Delete
Info

Figure 34: Interface de suppression d'un contrat assurance voiture

o recherche du contrat avec l'identifiant

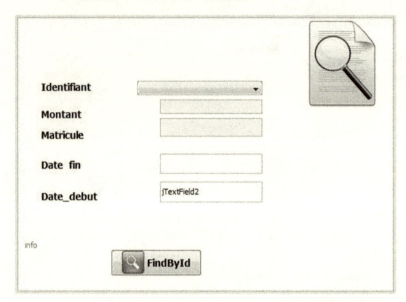

Figure 36: Interface derecherche d'un contrat d'assurance voiture

Figure 38: Interface de modification d'un contrat d'assurance voiture

IV.7.2 Intégration de l'application à la virtualisation

Cette partie va nous permettre d'accéder à partir de n'importe quelle Sun Ray à notre application de gestion des contrats et elle nous assure une sécurité de données et une administration maximale

Pour l'intégration de l'application on va créer un autre serveur application qui va contenir notre application et puis on va installer windows seven et suivre les même etapes pour les machines virtuelles qu'on à créer

- o créer une machine virtuelle et installer Windows Seven
- o entrer cette dernière dans le domaine AD1.com et définir tout les paramètres (login, mot de passe, adresse IP......, etc)
- o ajouter un nouvel utilisateur User3 ouvrir le browser de Solaris (http/192.168.1.13 :1800)
- o Importer les VM
- o Assigner les VM
- o Connecter la Sun Ray au serveur et entrer le mot de passe le login et voici ta machine Windows Seven et après on peut accéder facilement à notre application

Conclusion et perspectives

En conclusion, ce rapport résume le fruit de notre projet de fin d'étudesqui s'est étalé sur quatre mois et, qui a consisté en la virtualisation des postes de travail pour l'un des clients de TMI.

Nous avons pu constater au cours de ce projet que la virtualisation est une technologie qui a fait ses preuves et qui devient un besoin presque systématique chez toutes les entreprises. En effet la virtualisation sous toutes ses formes : serveurs, applications et poste de travail répond aux besoins des clients en termes de :

- o mutualisation des ressources

- o sécurisation de l'accès aux données

- o optimisation des l'utilisation du parc informatique

- o empreinte écologique : réduction de la consommation électrique.

- o sites de secours.

Bien qu'il y ait quelques inconvénients cités plus haut dans notre rapport, les avantages de cette technologie sont beaucoup plus importants.

Ce projet a été une excellente opportunité pour l'intégration dans la vie d'entreprise et plus précisément une société spécialisé dans la virtualisation ce qui nous a permis d'évaluer et d'approfondir les compétences acquises au cours de notre cursus universitaires tout en étant encadrés par des experts dans le domaine.

Pour terminer, quel est l'avenir de la virtualisation ?

L'avenir de la virtualisation dépend d'un nombre de facteurs. Tout d'abord, il est nécessaire de reconsidérer notre vision de la technologie pour profiter vraiment des avantages liés à la virtualisation. L'informatique est une science en évolution et il est important de remettre en question un grand nombre de principes qui sont aujourd'hui très répandus. Intel et AMD, bien qu'ils soient sur la bonne voie, ont encore des efforts à fournir pour améliorer le support matériel de la virtualisation inclue dans leur processeurs, de façon à supporter plus efficacement les différentes technologies présentes sur le marché. Les constructeurs de périphériques d'entrées/sorties doivent mettre des nouvelles normes pour permettre une simplifier les interactions entre les environnements virtuels et les fichiers. Pour finir, les développeurs sont tenus de standardiser les différentes technologies de virtualisation utilisées à l'heure actuelle pour garantir des solutions encore plus accessibles dans le future.

Bibliographie

Sites web consultés :

[1]:TMI <http://www.tmi.com.tn/>consulté le (01-05-2013)

[2]:Microsoft<http://www.microsoft.com/france/serveur-cloud/virtualisation/types-virtualisation.aspx> consulté le (25-05-2013)

[3]: wikipedia<http://fr.wikipedia.org/wiki/Virtualisation> consulté le (28-05-2013)

[4]:VMware <http://www.vmware.com/fr/virtualization/>consulté le (30-05-2013)